(un)geschriebene Geschichten

Herstellung und Verlag: **BoD** – Books on Demand, Norderstedt.

Buchcover: **Sandra Feldbaumer**

Herausgeber: **Christopher Tafeit, Magdalena Dorner, Johanna Hainzl, Silke Bruckner**

Auflage: 1. Auflage, 2015

gewidmet allen europäerinnen

und europäern

jenen, die den tag nicht aufgegeben haben

und in jeder nacht die sterne zählen,

bis die neue

morgendämmerung

erwacht.

Einleitung

Europa braucht mehr, als „Predigten von oben". Mehr als Worte von Politikern, die unsere Mütter und Großväter sein können und uns mit stolzgeschwellter Brust erklären, wie wir Europa zu sehen haben. Was wir in Europa alles finden können und wie glücklich wir uns schätzen müssen.

Europa braucht die Stimmen von jungen Menschen. Jugendliche, die in Europa hineingeboren wurden und mit Europa aufgewachsen sind. Wie sehen sie Europa? Was erleben sie in Europa? Was beschäftigt sie? Welche Träume, Wünsche, Ängste und Hoffnungen prägt die Generation der Vierzehnjährigen, der Zwanzigjährigen? Menschen, deren Währung seit frühester Kindheit an der „Euro" ist und die „nationalstaatlichen Grenzen" innerhalb Europas nur aus den Erzählungen der Väter und Großmütter kennen?

Sie geben Ihnen – liebe Leserin und lieber Leser – gemeinsam einen Einblick in die innerste Welt ihrer Gedanken. Eben in die Zeitpunkte ihres Lebens, die sie in Europa erleben – oder noch gerne erleben möchten.

Einige dieser Geschichten beruhen auf realen Erlebnissen und Ereignissen. Manche entspringen der Fantasie. Doch allesamt haben sie das Potenzial, Realität zu werden. Im

Guten, wie im Bösen. Es liegt an uns – den Europäerinnen und Europäern – für welche Seite wir uns entscheiden. Es liegt an uns, welche Geschichten wir in die Realität holen – und welche wir in der Fiktion verschwimmen lassen.

Entscheiden wir uns für das Richtige. Entscheiden wir uns für Menschlichkeit, Mitgefühl, Liebe und alle positiven Werte, die der Humanismus mit sich bringt.

Ein besonderer Dank gilt allen Projektteilnehmerinnen und Projektteilnehmern. Danke an die Projektorganisatorinnen und Projektorganisatoren, die sich in unzähligen Workshops und Treffen bemüht haben, dieses wundervolle Buch auf die Beine zu stellen. Besonderer Dank gilt der „Europäischen Union" in Form des „Interkulturellen Zentrums", dem Programm „Erasmus+" bzw. „Jugend in Aktion" sowie dem steirischen Landesjugendreferat. Ohne diese tatkräftigen Unterstützungen wäre dieses Projekt nicht möglich gewesen.

Vielen Dank dafür!

„Jede erzählte Geschichte ist wichtig"

In diesem Buch haben wir Geschichten gesammelt-erlebte, erdachte, zukünftige und vergangene. Allesamt zeigen sie auf beeindruckende Art und Weise, was Jugendliche in Europa bewegt und beschäftigt, worüber sie sich Gedanken machen und Dinge, über die man sich ihrer Meinung nach Gedanken machen sollte.

Geschichten zu erzählen ist so eine Sache für sich - es ist schön, eine Geschichte zu erzählen, egal ob erlebt oder erfunden, aber damit allein ist es nicht getan. Eine jede Geschichte verdient es, gelesen oder gehört zu werden. Jede einzelne Erzählung hat die Macht, etwas zu verändern, den Leser oder die Hörerin zum Nachdenken anzuregen, vielleicht sogar dazu zu bringen, etwas zu tun, oder immerhin davon zu träumen.

In einer Zeit wie dieser, in der Europa klein geworden ist und zugleich immer vielfältiger wird, in der „besorgte Bürger" uns Angst und Ablehnung vorleben, in der unbegründeter Hass gegen Menschen, die alles riskiert / verloren haben, um in der Hoffnung auf eine sichere Zukunft mit dem nackten Leben davonzukommen, salonfähig ist und öffentlich propagiert wird, ist jede erzählte Geschichte wichtig.

Wir alle sollten versuchen einander besser zu verstehen; wie können wir uns ein Urteil über jemanden erlauben, dessen Geschichte wir nicht kennen?

Jede einzelne dieser Erzählungen, egal ob erlebt oder noch ungeschehen, sollte uns erinnern, dass wir alle Teil einer Geschichte sind. In einem einzigen Europa. Und es ist an uns, dieser Geschichte ein Happy End zu verleihen.

Gemeinsam. Mit- und füreinander.

Johanna Hainzl

„Mut, vor die Haustür zu treten"

Der längste Teil einer Reise, sagt man, ist das Durchschreiten der Haustür.

Ein Lächeln und einen Rucksack, mehr braucht es nicht um auf Reisen zu gehen. Der Alltag bleibt zu Hause und die Freude auf Neues wird immer größer. Es liegt in unserer Hand, ob sich aus unserer Reise ein aufregendes Abenteuer, eine romantische Liebesgeschichte, oder eine spirituelle Erfahrung entwickelt.

Es ist nicht wichtig wie weit man reist, sondern was man von dieser Reise an Erkenntnissen und Erinnerungen mitnehmen kann.

Silke Bruckner

„Wir brauchen mehr Europa"

Wer Europa nur als die Abwesenheit von Zäunen interpretiert, irrt. Europa ist mehr, als nur der Verzicht auf Grenzen.

Gemeinsame Werte, Träume, Ängste, Wünsche und Hoffnungen prägen unseren Kontinent. Nicht nur auf politischer Ebene, sondern bis hinein in den alltäglichen Lebensbereich junger Europäerinnen und Europäer. In den Geschichten, die uns hier zur Verfügung gestellt werden, erkennen wir, dass vieles davon, wofür jahrzehntelang gerungen wurde, bereits als Selbstverständlichkeit hingenommen wird. Grenzüberschreitende Freundschaften, kollektive Empathie für Schutzsuchende und das Gefühl, mit dem europäischen Einigungsprozess auf dem besten aller möglichen Wege zu wandern, dürfen uns allesamt zurecht mit Stolz und Freude erfüllen.

Es sind keine einfachen Jahre und Jahrzehnte, die uns bevor stehen. Der Europäische Einigungsprozess gerät ins Stocken, neue Konflikte branden auf und alte, längst verheilt geglaubte Narben, pulsieren lichterloh. Wir stehen an vielen Weggabelungen. Es liegt an uns – den Bürgerinnen und Bürgern Europas – zu entscheiden, welche Richtung wir einschlagen wollen. Eine Richtung in eine geeinte, von Humanismus und Menschlichkeit geprägte Zukunft? Vermeintliche Abkürzungen, voller Risiko und Ungewissheit, in eine Fata Morgana? Oder eine Umkehr in die nationalstaatliche Isolation?

Es liegt zum großen Teil an den Jugendlichen in Europa, für welchen Weg wir uns entscheiden. All die Beiträge, die von Jugendlichen im Altersbereich zwischen 14 und 25 bei uns eingegangen sind, lassen in mir keine Zweifel aufkommen: Es wird die richtige Entscheidung sein.

Oliver Tazl

„Unsere Taten machen uns zu Menschen"

Es sind keine einfachen Momente, keine einfachen Gedanken, zu denen uns die teilnehmenden Jugendlichen einladen. Es sind jedoch immer ehrliche Gedanken, edel im Anspruch, wahrhaftig in der Formulierung.

Es sind Aspekte der Menschlichkeit und Lichtblicke der Hoffnung, die uns zeigen, dass alles Vorstellbare auch Realität werden kann. Dass ein Drücken des „Like-Buttons" unter emotionalen Facebook-Postings, angewandte Schwarz-Weiß-Filter unter Instagram-Lebensweisheiten, mitleidige Gedanken unter Zeitungskommentaren – dass all das nur kleine Punkte sind. Dass uns all das noch nicht zu Menschen macht.

Menschlichkeit entsteht durch Taten. Nicht durch Absichten und Erklärungen. Umso bewundernswerter ist es für mich, dass so viele Jugendliche im Altersbereich 14 bis 24 an diesem Buchprojekt teilgenommen haben. Dass sie es nicht bei Absichtserklärungen beließen. Dass sie Engagement und Zeit investiert haben, um all die Zeitpunkte, die uns derzeit beschäftigen (sollten), in Worte zu fassen. Dass sie uns teilhaben lassen an ihren Wünschen, Ängsten und Sorgen um Europa.

Sie gewähren uns in diesen Zeitpunkten vor allem aber auch einen Einblick in ihre Vorstellungen und Ideen. Sie zeichnen in vielen dieser Geschichten ein Bild, das sie von Europa erwarten. Im Umgang mit Menschen, die Zuflucht und Hilfe bei uns suchen, liegen die größten Stolpersteine. Die teilnehmenden Jugendlichen formulieren einen klaren Anspruch der Menschlichkeit, den Europa an sich selbst stellen muss.

Manche dieser Zeitpunkte beruhen auf realen Ereignissen. Andere sind den Gedanken, Wünschen und Befürchtungen der Autoren entsprungen. Manche dieser Geschichten sind durch die Zeit bereits geschrieben, andere noch ungeschrieben.

Es liegt an uns, dem Handeln jedes einzelnen, welche Zeitpunkte den Sprung in die Realität schaffen und welche wir verbannen. All diese Zeitpunkte sind nicht unverrückbar, sondern ein Ergebnis unseres Handelns.

Wagen wir den Versuch, die bestmöglichen Zeitpunkte in die Realität zu holen. Damit nicht die Horrorgeschichten unsere Menschlichkeit verdunkeln. Denn Europa ist nicht für die Finsternis geschaffen.

Christopher Tafeit

Zeitpunkte

Zeitpunkt I

In der Jugend dreht sich in Österreich das Leben nur um Partys. Um das Ausgehen am Wochenende, um sich mit seinen Freunden zu betrinken.

Du Schule ist vielen egal, vor allem in den Sommermonaten. Man denkt nur mehr an Rauchen, Saufen und die Liebe.

So lange man die Schule schafft, sind die Noten egal. Wenn man jung ist will man etwas erleben und nicht zu Hause sitzen und lernen. Viele Jugendliche gehen auch arbeiten, um das verdiente Geld am Wochenende sowieso wieder beim Fenster hinaus zu werfen.

Wenn man dann mit der 1. Alkoholvergiftung im Krankenhaus liegt, sieht man vielleicht ein, dass das nicht das Richtige ist. Aber das tun die wenigsten. Einmal, zweimal zu Hause bleiben – und die Party geht weiter.

Es ist auch oft so, wenn Jugendliche sagen sie trinken nichts, werden sie schief angeschaut und gehören damit zu den Außenseitern.

Noch ein großes Problem der Jugend in Österreich ist das „Thema Ausländer". Durch die Parteien und die Politik werden wir verdorben, weil es oft schwer ist, seine eigene Meinung zu bilden. Wenn man sich nicht selbst intensiv damit befasst. Natürlich ist es ein heikles Thema, weil die meisten ja nicht freiwillig kommen, sondern flüchten müssen. Wir selber haben nicht so viel Platz. Aber wir können sie nicht ihrem Schicksal überlassen, weil jeder Mensch ein Recht auf Leben hat.

Viele Jugendliche verstehen das nicht, weil sie zu faul sind, sich zu informieren und sich nur die Hasstiraden und die ganzen Propagandasprüche anhören und durchlesen. Daher sind auch so viele ausländerfeindlich.

Meiner Meinung nach muss man hier ansetzen und etwas ändern. Sonst geht die Jugend den Bach runter.

Kathi Viehhauser

Zeitpunkt II

Ich bin ein Asylant. Ich komme eigentlich aus Syrien, aber ich bin geflohen.

Ich schreibe hier nun darüber, wie ich mich integrieren konnte, Freunde fand und mit ihnen auf mein erstes Musikfestival fuhr. Es fängt damit an, dass ich über die Route Türkei und ehemaliges Jugoslawien in einem Lastwagen floh. Als wir über die österreichische Grenze fahren wollten, wurden wir jedoch gefunden. Ich wurde in ein überfülltes Asylantenheim gefahren. Dort wartete ich 2 Monate auf mein Asylverfahren. Danach kam ich in eine kleine Stadt namens Murau. Dort wartete ich weitere 5 Monate. Doch in diesen 5 Monaten ist viel passiert.

Am Anfang kannte ich mich nicht aus, ich kannte die Sprache nicht, ich kannte das Essen nicht, ich kannte die Kultur nicht. Wenn ich unterwegs war, wurde ich schief angeschaut. Jedoch hat sich das alles geändert. In verschiedenen Schulen durfte ich anfangen, Vorträge zu halten, wie es in meiner Heimat ist.

Ich durfte von meiner Kultur erzählen. Gleichzeitig wurde ich besucht, von einheimischen Jugendlichen. Wir verstanden uns kaum, jedoch mit der Zeit lernte ich die

Sprache. Ich lernte mit der neuen Kultur zu leben. Ich lernte mich umzustellen.

Mit der Zeit kamen immer mehr Jugendliche und Einheimische. Sie unternahmen mit mir Sachen. Als ich mit ihnen unterwegs war, wurde mir klar, dass nun Murau meine Heimat ist. Die Leute haben mich anerkannt. Ich wurde nicht mehr angepöbelt, nicht mehr schief angeschaut.

Nach diesen 5 Monaten bekam ich den Bescheid für mein Verfahren. Glücklicherweise wurde ich angenommen. Nun durfte ich endlich wieder arbeiten gehen. Jedoch musste ich ausziehen und konnte nirgends mehr hin. Ich wurde glücklicherweise von einem Freund und seinen Eltern aufgenommen. Ich musste dafür halt Miete zahlen und mich am Haushalt beteiligen. Heute, ein Jahr nachdem mein Asylverfahren abgeschlossen wurde, sind sie meine Familie. Heute nenne ich sie Mamma und Papa und ihn meinen Bruder.

In ein paar Tagen fahren wir gemeinsam zum „Electric Love" Festival. Ich muss wirklich sagen: Ich hatte Glück. Und ich bin sehr dankbar dafür.

Martina Koini

Zeitpunkt III

Ich bin ein junger Asylant und komme aus Syrien. Ich wohne jetzt in Murau.

Ich habe eine Ausbildung zum Arzthelfer gemacht. In meiner Heimatstadt habe ich Leuten geholfen und gearbeitet. Ich bin sehr froh, dass ich flüchten konnte und jetzt in Sicherheit bin.

Dennoch finde ich es blöd, dass ich hier nicht arbeiten darf. Es ist auch so, dass viele Leute leider Vorurteile gegenüber uns haben. Sie sagen, dass sie jemanden wie mich nicht gebrauchen könnten.

Natürlich sind nicht alle ausländerfeindlich. Aber viel zu viele. Ich bin einfach nur froh, jetzt in Sicherheit zu sein und hoffe, dass ich irgendwann wieder in mein Heimatland zurückkehren kann.

Laura Bachler

Zeitpunkt IV

Ich heiße Marie, aber alle nennen mich Sandale. Wegen einem Zwischenfall. Ich bin 14 Jahre alt und in einem Kanal in Rumänien geboren. Meine Mutter ließ mich vor langer Zeit zurück. Meinen Vater lerne ich nie kennen. Trotz allem hasse ich sie nicht. Im Gegenteil, ich vermisse sie und bin fest davon überzeugt, sie irgendwann wieder zu sehen.

Als mich meine Mutter zurück ließ, war ich anfangs total überfordert. Bis ich meinen Freund Lucian fand, der mir das Leben auf der Straße leichter machte, obwohl er auch nichts besitzt. Er zeigte mir die Sozialstation Concordia, wo wir meine Schwester ablieferten. Dort lernte Ann lesen und schreiben. Sie hatte sogar so viel Glück, dass sie von einem netten Ehepaar adoptiert wurde.

Ich selbst hatte nie das Glück, da ich mit meinen 14 Jahren weder richtig lesen, noch schreiben kann. So werde ich gleich als Problemkind bezeichnet. Doch ich kann ein bisschen rechnen. Aber wenn die Zahlen zu groß werden, rechne ich das Geld in Brot um.

Lucian und ich verweilten immer nur kurz in der Sozialstation. Da wir die Regeln nicht gewohnt waren, fühlten wir uns immer gleich beengt und suchten uns eine neue Bleibe. Mit der Zeit kennst du die Gesichter in der Kanalisation. Und mit den Gesichtern kennst du auch ihre Geschichten.

Eine der schlimmsten Geschichten für mich ist Roxanas Geschichte. Wahrscheinlich, weil ich dabei war als sie passierte. Roxana war im neunten Monat schwanger. Lucian und ich brachten ihr täglich das Essen, da sie den Aufstieg vom Kanal mit ihrem Bauch nicht mehr schaffte. Da traten plötzlich die Wehen ein. Es war zu spät, um nach oben zu gelangen. Also brachten wir – Lucian und ich – das Kind auf die Welt. Eine gute halbe Stunde danach passierte etwas Unvorstellbares.

Roxana brach ihrem Kind die Beine, da Krüppelkinder beim Betteln mehr verdienen können.

Ich werde die Schreie des Neugeborenen nie vergessen.

Sandra Dengg

Zeitpunkt V

Mein Name ist Joseph. Ich wurde im Mailand geboren und durchlebte meine Höhen und Tiefen, wie jeder von uns in seinem Leben. Doch dachte ich nie, dass das Schicksal so zuschlägt. An meinem 6. Geburtstag, einem schönen, recht sonnigen Tag, wurde ich plötzlich ins Krankenhaus eingeliefert. Damals erkannte ich kein Problem, ich wusste auch nicht, was auf mich zukam.

Mit 8 Jahren begann man mir genau zu erklären, was mit mir los war. Meine Krankheit nennt man „zystische Fibrose". Diese Krankheit verstopft meine Atemwege und mein Verdauungssystem. Oft reichte es, nur gewöhnlich zu atmen, und alles schmerzte. Es ist eine Erbkrankheit und gar nicht so selten. Es war ein Schlag für mich. Ich konnte nicht mehr mit meinen Freunden mit zum Spielen und auch nicht mit meiner Familie. Ich wurde regelmäßig behandelt und habe viel verpasst.

Ich bin mittlerweile 17 Jahre, lebe gut mit meiner Krankheit und versuche, das Leben dennoch zu genießen. In vollen Zügen. Ich betreibe inzwischen leichten Sport und habe wieder Spaß. Natürlich ist meine Welt anders. Aber so fühle ich mich nicht!

„I owned every second, that this world could give"

Anika Angeringer

Zeitpunkt VI

Mein Name ist Lisa und ich lebe in einem kleinen Ort in Tirol. Mit 12 Jahren bin ich aus meiner Heimat Syrien geflüchtet. Ich bin mit meiner Familie zusammen nach Österreich gekommen.

Dies ist jetzt 10 Jahre her. Man glaubt, dass meine Herkunft in diesen 10 Jahren akzeptiert wurde. Aber nein. Hier werde ich nicht akzeptiert. Niemand will mit mir zu tun haben, sobald ich erwähne, wo ich herkomme.

Mittlerweile habe ich sämtliche Schulen besucht, weil ich aus jeder Schule gemobbt wurde. Mein Deutsch ist mittlerweile sehr gut und so konnte ich vor 3 Jahren meine Matura mit ausgezeichnetem Erfolg abschließen. Ich war sehr stolz auf mich.

Aber was nun? Ich hatte große Träume. Ich wollte bei einem Zeitungsverlag arbeiten. Aber mit meiner Herkunft war das schwierig. Man meint, dass man das versteht und man seine Träume verwirklichen kann – wenn man sich richtig anstrengt. Aber das stimmt nicht. Ich wurde abgelehnt. Immer und immer wieder.

Obwohl ich schon so lange in Österreich lebe. „Wir können nichts für Sie tun.", das brachte die

Rückmeldungen auf den Punkt. Meine Zeugnisse wurden begutachtet und jedes Mal hörte ich: „Wow. Was für ein tolles Zeugnis."

Und jedes Mal, sobald sie meinen Lebenslauf sahen, gab es ein leeres Gesicht. „Wir können derzeit keinen einstellen.", war die Antwort.

Alles gelogen.

Doch nach dieser Absage reichte es mir. Ich beschloss, meine eigene Zeitung zu gründen. Heute bin ich Chefredakteurin einer kleinen Zeitung, die zwar österreichweit unbekannt ist, aber in meinem Bezirk sehr bekannt ist und gerne gelesen wird. Ich werde endlich von meinen Mitmenschen akzeptiert.

Seitdem ist mein Motto: „Nichts geschieht ohne Grund."

Marlene Plattner

Zeitpunkt VII

Ich schlug meine Augen an einem wunderschönen Tag auf, starrte aus dem Fenster hinaus und stelle erstaunlicherweise fest, dass sich unsere Reise geändert hat. Vor mir sehe ich nicht mehr das Meer, sondern Wälder und Seen.

Ich bin 17 Jahre alt und reise mit dem Zirkus. Meine Eltern haben mich verlassen und meine einzige Möglichkeit war der Zirkus. Ich arbeite hauptsächlich mit den Elefanten. Meine Aufgaben sind die Fütterung der Tiere sowie sie sauber zu halten und ihnen Tricks beizubringen.

Wenn ich das nicht schaffe, werde ich – wie andere vor mir – aus dem Zirkus geworfen. Denn das sind die Regeln: Wer nichts kann, der ist unnütz und verbraucht nur unnötig Essen und Wasser.

Meine Reise begann in Italien. Ich selbst bin jedoch kein Italiener. Meinen Tag beginnt alltäglich: Ich gehe zu den Elefanten. Der Elefant, den ich hauptsächlich betreue, heiße Rosie. Sie kommt vermutlich aus Indien und hört vermutlich nur auf indische Anweisungen.

Die Tochter des Zirkusdirektors ist gleich alt wie ich. Jedoch darf sie nicht mit mir sprechen. Schließlich bin ich nichts Weiteres als ein Stalljunge. Doch wir hielten uns nicht daran und sprechen trotzdem ständig miteinander.

Seit einem halben Jahr sind wir nun schon gemeinsam in diesem Zug. Heute, als wir gerade wieder miteinander sprachen, erwischte uns der Zirkusdirektor. Er erwischte mich, wie ich – der Stalljunge – mit seiner Tochter spreche.

Das Schicksal will es so, dass ich aus dem Zug geworfen werde. Doch zu meinem Erstaunen – und dem Erstaunen des Zirkusdirektors – springt seine Tochter mit mir vom fahrenden Zug. Ohne zu überlegen, ob wir weich landen, ob wir auf einen Felsen prallen und uns verletzten oder sterben.

Wir landeten sicher und nichts passierte uns. Unser gemeinsames Schicksal wurde uns offenbart. Von nun an werden wir füreinander sorgen und das Leben gemeinsam verbringen.

Ob es uns wohl wieder zum Zirkus zieht?

Jasmin Kaufmann

Zeitpunkt VIII

Ich liege gerade in der heißen Mittagssonne Italiens und genieße die letzten Urlaubstage, die ich hier mit meiner Familie verbringe. Meine Eltern befinden sich gerade auf einer Stadtrundfahrt.

Hier am Strand sind ziemlich wenige Leute. Ich werde aus meinen Tagträumen gerissen, als plötzlich alle anderen Badegäste die Flucht ergreifen. Ich blicke auf das Meer, wo ein kleines Boot – gefüllt mit 3 Männern – gerade dabei ist, an der Küste zu stranden. Zwei von ihnen scheinen ohnmächtig und nicht bei Bewusstsein zu sein. Der Dritte starrt mich mit ängstlichem Blick und weit aufgerissenen Augen an. Sie sind abgemagert, tragen zerfetzte Kleidung und auch das Boot wirkt nicht sehr stabil.

Etwas in mir sagte, ich sollte die Flucht ergreifen, bevor die Polizei die Flüchtlinge verhaften wird. Aber ich kann ihr Leid nicht ertragen. Wie hypnotisiert setze ich einen Fuß vor den anderen und taumle – mit einer Wasserflasche in der Hand – auf die Männer zu. Nach einigen Minuten kommen auch die anderen beiden zu Bewusstsein. Einer von ihnen kann sogar Englisch sprechen. Nachdem dieser mir erklärt, aus welchen Gründen sie flüchten musste und

wie viele Schicksale sie miterleben mussten, führe ich sie
zu unserem Appartement.

In der Hoffnung, dass meine Eltern nichts merken würden,
gebe ich ihnen unser Campingzelt, Verpflegung und die
100€ von meinem Taschengeld.

Tränen laufen den Männern über das Gesicht. Sie kennen
fremde Hilfsbereitschaft nicht.

Und dann laufen sie auch schon, weg in ein anderes Land.
Immer weiter, auf der Suche nach Arbeit und Hilfe.

Ich hoffe, sie werden es schaffen.

Magdalena Knapp

Zeitpunkt IX

Ich halte es hier einfach nicht mehr aus.

Überall diese Streitereien und Schüsse.

Überall tote Menschen, wenn man aus dem Fenster schaut. Kleine Kinder, die um ihr Leben laufen und es dann doch nicht schaffen. Alles, was bleibt, sind die letzten Schreie.

Aber was soll ich tun?

Hier habe ich niemanden mehr, weil mein Vater vor ein paar Monaten im Krieg ums Leben kam. Meine Mutter wurde – mit meiner Schwester – entführt. Ich bin hier komplett alleine. Aber wo anderes kenne ich auch keinen. Ich bin völlig verzweifelt und schlafe jeden Tag mit Tränen in den Augen ein.

Morgen früh packe ich meine Sachen und gehe weg von hier. Aber wo soll ich hin? Meine Mutter erzählte mir einmal, dass meine Großeltern in Österreich leben. Aber ob sie immer noch dort leben weiß ich nicht. Egal, ich versuche sie zu finden und riskiere es.

Mit einem Foto von ihnen mache ich mich in Österreich auf die Suche. Doch keiner konnte mir weiterhelfen. Ich bin völlig verzweifelt, habe kein Geld und kein Zuhause.

Doch plötzlich entdecke ich ein kleines Bauernhaus am Rande einer Stadt. Ich fühle mich sofort wie Zuhause und klopfe an die Tür.

Meine Großeltern öffnen. Sie erkennen mich sofort wieder und nehmen mich glücklich auf. Ich erzähle ihnen, was mit Mama, Papa und meiner Schwester passiert ist. Sie trösten mich und nehmen mich in den Arm.

Ich bin glücklich, endlich wieder in einer Familie geborgen ein Zuhause zu haben.

Sara Reiter

Zeitpunkt X

Der Abschied fiel nicht schwer. Alle diese falschen Tränen von Leuten, die mich so und so nicht mögen. Aber es wird Zeit, nach vorne zu schauen. Meinen Abschluss habe ich jetzt, nun wird es Zeit für mich, an meine Zukunft zu denken.

Mein Flieger nach Amsterdam geht bereits in einer halben Stunde. Schön langsam fühle ich, wie dieses nervöse Flattern in meinen Magen zurückkehrt. Was, wenn ich nicht gut genug für die Universität bin? Was, wenn ich die Prüfungen nicht schaffe?

Die Fragen in meinem Kopf werden von Minute zu Minute lauter, es ist kaum auszuhalten. Ich denke zurück an meine Freunde. Ob sie noch an mich denken werden, wenn ich so lange weg bin? Und Andreas? Wie lange es wohl dauern wird, bis er mich vergessen hat?
Endlich hebt der Flieger ab. Jetzt steht mir nichts mehr im Weg zu einer neuen, womöglich glücklicheren, Zukunft.

Als ich am Flughafen auf mein Taxi warte, beginne ich, mich umzusehen. Es ist noch schöner, als ich es mir vorgestellt hatte. Von hier aus hat man einen wundervollen Blick auf die Skyline Amsterdams. In meinen Gedanken versunken registriere ich gar nicht, dass mein Taxi bereits vor mir steht. Ich schrecke hoch und steige ein. Als wir durch die Stadt fahren, sehe ich die berühmten Kanäle und komme aus den Tagträumen nicht mehr heraus.

Wir kommen an meiner Wohngenossenschaft an. Ich war noch nie so schrecklich nervös wie in diesem Moment. Ich gehe in den zweiten Stock hinauf und öffne die Tür. Einer meiner Mitbewohner kommt auf mich zu und umarmt mich mit den Worten: „Willkommen zu Hause, mein Name ist Ben!"

In diesem Moment wurde mir klar, dass ich mich in ihn verlieben werde.

Sarah Felber

Zeitpunkt XI

Ein junger, kleiner Junge wurde von Syrien nach Europa gebracht. Er verlor seine Familie und seine ganzen Freunde.

Nur einer blieb bei ihm – und das war er selbst.

Wieso wurde er nach Europa gebracht? Seine Eltern sind sehr arm und konnten ihn nicht mehr ernähren und ihm das bieten, was zum Leben nötig ist. Sie waren verzweifelt. So gaben sie den Jungen weg – in die Hände einer Vermittlungsagentur - und er wurde in Österreich adoptiert. Sie meinten, er hätte in Österreich bessere Lebensqualitäten.

Ja, die hatte er schon. Aber ganz allein, in einem völlig fremden Land, ohne Freunde und ohne Familie aufzuwachsen, wünscht sich kaum jemand. Der Junge fühlte sich einsam und im Stich gelassen. Er lebte nun in Österreich, aufgenommen bei einer Familie, die ihm sehr fremd schien. Sie sind sehr nett, liebevoll und können ihm alles bieten. Aber sie können niemals seine eigene Familie ersetzen.

Als er heranwuchs und älter wurde, begriff er, dass er seine eigene Familie vielleicht nie wieder sehen würde. Inzwischen besucht er bereits eine Schule in Österreich und hat viele Freunde. Er hat sich sehr gut mit dem Leben und seinem Schicksal arrangiert und versucht das Beste daraus zu machen. Er hat auch immer noch die Hoffnung, seine Familie irgendwann wiederzusehen.

Denn er weiß: In Europa passieren bestimmt nicht tagtäglich solche Schicksale. Viele Kinder – ähnlich alt wie er – verhungern, verdursten oder werden in Syrien getötet.

Sabrina Schwarz

Zeitpunkt XII

Ich bin Bane, ein 10jähriger Junge aus Afrika. Ich befinde mich gerade am Weg nach Europa. Ich fühle mich einsam, ich habe meine Eltern schon früh verloren. Jetzt wollen meine große Schwester und ich gemeinsam nach Europa. Sie meint, dass wir dort ein besseres Leben führen können.

Ich war noch nie in einem anderen Land. Ich habe Angst vor den Menschen dort, vor der neuen Sprache. Doch es kann doch eigentlich nur besser als hier in Afrika werden, oder? Ich kann dann endlich so viel Wasser trinken wie ich will, ohne krank zu werden. Ich weiß gar nicht, wie sich satt zu sein anfühlt, denn als 5jähriger Junge wäre ich beinahe verhungert.

Ich glaube, ich werde ein schlechtes Gewissen haben, wenn ich in Italien vor einem vollen Teller sitze und daran denken muss, dass meine Freunde in Afrika um ein paar Liter Wasser kämpfen. Wieso ist diese Welt so ungerecht? Warum kann nicht einfach alles gerecht aufgeteilt sein?

Werden sie mich in Europa wegen meiner Hauptfarbe mobben oder doch akzeptieren? Es wird sich so viel ändern, doch wir werden ein besseres Leben in Europa haben. Ich werde endlich wieder gesund werden und ich kann endlich genügend Vitamine aufnehmen, damit ich groß und stark werden kann.

Ich verliere nicht die Hoffnung auf ein besseres Leben. Denn wenn ich endlich in Europa bin, dann darf ich endlich in die Schule gehen und lernen.

Elena Tockner

Zeitpunkt XIII

Ich bin Sina.

Ich bin 10 Jahre alt und ich bin Asylantin. Ich stamme eigentlich aus dem Irak, aber jetzt bin ich gerade auf den Weg nach Deutschland.

Meine Eltern, meine Geschwister und ich sitzen gerade in einem sehr alten Auto. Mein Vater sagt mir mehrmals, dass ich keine Angst haben muss. Aber ich habe sehr große Angst.

Was ist, wenn wir es nicht bis Deutschland schaffen? Wir fahren gerade auf einer alten, verlassenen Straße. Es sind keine anderen Autos oder Menschen zu sehen.

Es ist heute sehr heiß und als ich gerade zum Himmel sehen will, spüre ich einen heftigen Knall. Ich sehe, wie meine Familie aus dem Auto geschleudert wird. Es ist ein Bombenangriff.

Ich liege am Boden. Mir tut alles weh. Ich glaube, ich habe mir den Arm gebrochen. Ich höre nur mich schreien. Ich sehe meine Familie nicht. Ich habe Angst. Plötzlich höre ich wieder ein lautes Geräusch. Dann werde ich bewusstlos.

Es sind inzwischen 5 Stunden vergangen und ich liege auf einer weichen Matratze. Ich glaube zuerst, dass ich tot bin. Ich habe keine Angst.

Ich höre eine weiche, weibliche Stimme. Ich sehe zu ihr auf. Laute Worte: „Wach sofort auf!“

Ich wache auf und sehe viele Bäume. Mein Vater steht plötzlich auch neben mir und sagt: „Willkommen in Deutschland“.

Es hat einen Grund, wieso Kinder so träumen.

Simone Thanner

Zeitpunkt XIV

Ich bin Roman.

Meine Eltern trennten sich, als ich 4 Jahre alt war. Seitdem lebe ich bei meiner Mutter in Frankreich. Meinen Vater sehe ich einmal im Jahr zu meinem Geburtstag. Und auch da nur maximal 10 Minuten. Danach fährt er wieder nach Hause, nach Italien. Ich hätte gerne mehr Kontakt mit meinem Vater, aber traue mich nicht, mit meiner Mutter darüber zu reden.

Eines Tages traf ich ein Mädchen. Es war Liebe auf den ersten Blick. Die Zeit verging wie im Flug und wir waren bereits ein halbes Jahr zusammen, als sie mich überredete, gemeinsam mit ihr überraschend meinen Vater zu besuchen.

Dort angekommen öffnete eine Frau die Haustür. Sie rief etwas, genau konnten wir es nicht verstehen. Mein Vater kam und starrte uns an. Ich weiß nicht, ob er mich erkannte oder nicht, jedenfalls schloss er wortlos die Tür.

Ich war sehr traurig, doch diese Reise machte mir klar, dass ich niemals mein Kind so behandeln würde.

Jennifer Esser

Zeitpunkt XV

Mein Name ist Jonas. Ich bin der Sohn einer armen, irakischen Familie mit 6 Brüdern und 4 Schwestern. In meinem Land herrscht Krieg und wir müssen jeden Tag in Angst leben. Mein Vater arbeitet in einer Waffenfabrik. Er erzählt jeden Tag, wie die Arbeitsverhältnisse sind. Die Arbeiter werden geschlagen, bei Fehlern meist auch getötet, wenn sie nicht die gewünschte Leistung bringen. Meine Mutter arbeitet in einer Textil- und Bekleidungsfabrik als Näherin.

Mein Vater sagt immer, wir müssen fliehen. Doch Frauen haben es aus verschiedenen Gründen noch schwerer, das Land zu verlassen. Und so müssen wir Mama und meine Schwestern zurücklassen. Es war die einzige Chance, ein besseres Leben zu führen und so beschlossen wir am nächsten Tag die Reise anzutreten.

Schweren Herzens stiegen wir in ein Kinderboot für 3 Personen. Zu Acht. Wir wussten, dass wir vielleicht nie wieder zurückkämen. 5 Kilometer folgten wir einem Fluss bis zur Küste. Wir waren knapp 10 Stunden unterwegs, als wir die Hafenstadt erreichten. Bei unserer Ankunft fing ich an zu weinen, da ich das erste Mal wirklich realisierte, dass ich meine Mutter und Schwestern das letzte Mal gesehen haben könnte.

Wir gingen zu Fuß in die Stadt hinein, wo wir uns offiziell als Flüchtlinge eintragen konnten. Wir warteten und warteten, bis es genehmigt wurde. Und so reisten wir in die Welt, um aus unseren Leben etwas zu machen.

Heute, 10 Jahre später, bin ich erfolgreicher Geschäftsmann meiner eigenen Firma. Meine Brüder sind allesamt auf der Welt verstreut, ebenfalls mit guten Jobs und eigenen Familien. Mein Vater ist vor einem halben Jahr an Krebs gestorben.

Mein Wunsch für die Zukunft ist es, meine restliche Familie aus dem Irak zu holen und ihnen ein gutes Leben zu bieten.

Sabrina Eichmann

Zeitpunkt XVI

Mein Name ist Florian und ich bin 21 Jahre alt. Ich habe alle Möglichkeiten in Europa, da ich in Österreich lebe.

Meine Arbeit macht mir Spaß und ich habe viele Freunde. Mit meinen Freunden kann ich über alles reden. Mein Hobby sind lange Wanderungen. Wenn ich in der Früh am Wochenende aufstehe und die aufgehende Sonne betrachte, möchte ich am liebsten auf allen Bergen die Aussicht genießen. Auf einer Alm oder einem Berg hat man Zeit, um nachzudenken. Nachzudenken über die Vergangenheit und was in den nächsten Jahren passieren mag.

Ich bin glücklich und kann meine Freiheit genießen. Wenn ich daran denke, wie es anderen Jugendlichen geht, bin ich traurig. Ich bin dankbar für mein Leben. Hoffentlich haben bald alle auf der Welt die gleiche Freude und Zufriedenheit mit ihrem Leben wie wir hier in Österreich.

Felix Tockner

Zeitpunkt XVII

Mein Name ist Katharina. Ich bin 17 Jahre alt und komme aus Österreich. Ich wohne in Wien und gehe auch hier zur Schule. In Österreich haben wir eigentlich nicht so strenge Gesetze. Wir dürfen ab 16 Alkohol trinken und rauchen, so lange ausgehen wie wir wollen und ab 18 können wir auch mit dem eigenen Auto fahren. Ich liebe es in Österreich zu wohnen. Man kann alles machen, zu was man Lust und Liebe hat.

Ich zum Beispiel kam kürzlich aus Paris zurück, wo ich ein Auslandsjahr absolvierte. Doch wenn ich daran denke, wie viele Kinder und Jugendliche in Afrika hungern und auch in den Krieg ziehen müssen, habe ich Schuldgefühle. Weil es mir so gut geht. In meiner Schule habe ich sehr viel mit ausländischen Mitschülern zu tun, da viele in meiner Klasse sind. Ich kann verstehen, wie schwer es ist, aus der eigenen Heimat zu fliehen und ein ganz neues Leben anfangen zu müssen.

Einer aus meiner Klasse erzählt oft, wie er vor einigen Jahren auf einem Boot im Meer war und nicht gewusst hat, ob er die Flucht überleben wird. Ich kann mir nicht vorstellen, wie es in den Ländern zugeht, wo Krieg geführt wird. So viel Leid und Hass, obwohl die meisten Menschen nicht einmal etwas dafür können. Was ich persönlich aber erwarte: Dass die Konflikte von jenen, die bei uns Zuflucht finden, nicht mitgenommen werden und hier weiter getragen werden. Ich habe Angst, es könnte bei uns auch noch einmal ein Krieg ausbrechen, in dem wieder viele Menschen ihre Leben lassen müssen. Es ist so schwer zu verstehen, warum sich Menschen auf der Welt bekämpfen müssen.

In Europa leben wir in einer Gemeinschaft, die füreinander einsteht und sich gegenseitig hilft. Ich hoffe, dass sich der Frieden auf der ganzen Welt durchsetzt. Europa ist eine Vorzeigegemeinschaft, denn niemand von uns hier wünscht sich Krieg.

Ich hoffe, dass es so bleibt.

Magdalena Würger

Zeitpunkt XVIII

Ein Jugendlicher in Europa, der gerne reist und andere Sitten, Kulturen und Gesellschaften kennen lernen möchte, hat hier so viele Möglichkeiten. Man kann zum Beispiel als Au Pair ein Jahr bei einer Gastfamilie wohnen, beispielsweise in Frankreich. Man passt auf die Gastkinder auf, hilft im Haushalt, geht zur Schule und lernt Kultur und Sprache kennen. Ich glaube, das ist mitunter das spannendste Erlebnis, das man als Jugendlicher haben kann.

Und es ist auch für einen selbst ein Gewinn. Man entwickelt sich weiter, wird reifer und erwachsener weil man eben in einem anderen Land doch auf sich alleine gestellt ist. Was auch noch toll ist an so einem Auslandsaufenthalt: Man lernt Jugendliche aus den unterschiedlichsten Ländern kennen. Man knüpft Kontakte mit Menschen, die am anderen Ende der Welt leben und kann so viel voneinander lernen.

Aber wenn einem solche Abenteuer nicht geheuer sind, kann man auch einfach im eigenen Land bleiben. Man muss für Entdeckungsreisen und Abenteuer nicht um die ganze Welt reisen. Es genügt, wenn man einfach einmal genauer hinschaut. Jugendliche unterschiedlichster Kulturen kann man auch hier in Österreich entdecken.

Manche haben bereits die österreichische Staatsbürgerschaft, andere haben bei uns Zuflucht gesucht. Wenn man sich die Zeit nimmt, kann man gemeinsam so viel erleben und entdecken.

Es gibt für Jugendliche in Österreich so viele verschiedene Dinge, die man machen kann. Sich aber für andere Menschen Zeit zu nehmen, ist das spannendste Erlebnis.

Christina N.

Zeitpunkt IXX

Der Urlaub war wunderbar. Die Sonne bräunte meine Haut, als wäre sie für nichts anderes geschaffen worden. Während ich so in Italien am Stand liege, Sonnenbrille aufgesetzt und einen kalten Pfirsicheistee in der Hand, streifen meine Blicke über die Wellen, die sich forsch und klar am Ufer brechen.

Plötzlich spüre ich einen Schmerz am Kopf. Ein Volleyball hat mich mit voller Wucht von hinten getroffen. Die Sonnenbrille fliegt mir vom Kopf in den Sand und ich schreie: „Aua!" Es wird mir schwindlig und ich lasse mich nach hinten fallen.

Als ich kurz danach die Augen wieder aufmache, beugt sich gerade ein Italiener über mich und hält eine kalte Wasserflasche an meine Stirn. Er ist auf den ersten Blick in etwa gleich alt wie ich und sieht toll aus. Als er merkt, dass ich auch lächle und ihm nicht böse bin, lächelt er mich freudestrahlend an und stellt sich vor. Er heißt Mario, ist 17 und damit ein Jahr älter als ich.

Den Rest meines Urlaubes in Italien verbringen wir jeden Tag zusammen. Mario gibt sich viel Mühe. Wir gehen toll Pizza essen und nächtelang am Strand spazieren.

Schüchtern, wie er ist, traut er sich erst in der zweiten Nacht beim Spaziergang meine Hand zu halten.

Die Woche vergeht viel zu schnell. Bevor ich mit meiner Familie wieder nach Österreich zurück fahre, verabschieden wir uns voneinander. Er hat ein kleines Plüschherz als Abschiedsgeschenk und eine Rose mitgebracht.

Als wir uns zum Abschied küssen, spüre ich, dass es kein Abschied ist. Ich weiß, dass wir uns wiedersehen werden.

Tina K.

Zeitpunkt XX

Die Geschichte beginnt eigentlich schon 7 Jahre früher, als ich noch 15 Jahre alt war. Jaques kam damals frisch in meine Klasse. Er absolvierte ein Austauschjahr.

Als unsere Lehrerin uns das erste Mal davon erzählte, dass wir für das neue Schuljahr einen Austauschschüler aus Frankreich in die Klasse bekommen, dachte ich mir nur: „Was für ein Streber." Welcher Jugendliche mit Hobbys und Freunden würde denn mit 17 bitteschön ein Austauschschuljahr in Österreich machen? Mit 17 macht man den Führerschein, ist verliebt und unternimmt lustige Sachen mit seinen Freunden. „Aber auf ein Austauschschuljahr gehen? Höchstens nach Ibiza oder in die USA, ok. Aber nach Österreich?" Ich konnte mir keinen Reim darauf machen, aber es war mir eigentlich auch egal. Schon in der nächsten Stunde drehten sich meine Gedanken wieder um wichtigere Sachen.

Ein paar Wochen später war es dann soweit: Ich betrat Montagfrüh wie gewohnt als erste die Schulklasse. Das hatte nichts damit zu tun, dass ich ein Streber wäre, sondern meine Eltern setzten mich auf dem Weg zu ihrer Arbeit jeden Tag vor der Schule ab. Das ersparte mir eine halbstündige Busfahrt, dafür war ich aber immer 10 Minuten vor den anderen da. Doch diesmal saß bereits jemand in der Klasse. Jemand, den ich bisher noch nie gesehen hatte.

Ich war verwirrt. Die Sache mit dem Austauschschüler hatte ich schon längst wieder vergessen. Ich ging zu meinem Platz und weiß noch, wie ich ihn irritiert angestarrt habe. Er saß ruhig da, nahm seine Kopfhörer aus den Ohren und lächelte mich an. „Hallo, ich bin Jaques.", stellte er sich mit leichtem, französischem Akzent bei mir vor. Ich war so verwirrt, dass ich zuerst nicht einmal wusste, ob ich ihm die Hand geben soll. Nach ein paar Schrecksekunden habe ich ihn spontan umarmt. Ich weiß nicht, wie ich darauf gekommen bin oder was ich mir dabei gedacht habe. Es ist einfach passiert. Er war ebenfalls überrascht und freute sich über die tolle Begrüßung. Er fragte mich auch gleich, ob ich nach der Schule mit ihm etwas trinken gehen würde und ihm die Stadt zeigen könnte. Ich sagte sofort: „Ja!"

Jetzt, 7 Jahre später, sitze ich hier, kurz vor unserer eigenen Hochzeit. Und in wenigen Minuten wird Jaques auch eine Frage gestellt bekommen. Ich zweifle keine Sekunde daran, dass seine Antwort wie die meine sein wird: „Ja!"

Jennifer Maier

Zeitpunkt XXI

Mein absolutes Lieblingsspiel ist „World of Warcraft". So ziemlich jeder, auch alle, die nicht gerne Computerspiele zocken, dürfte von diesem Spiel schon gehört haben. Es geht darum, sich mit anderen Spielern zusammen zu schließen und gemeinsam Aufgaben in einer riesigen Onlinewelt zu absolvieren. Man schlüpft in die Rolle eines Helden, der ein Magier, Heiler, Ritter oder Schamane sein kann und bekämpft das Böse.

„World of Warcraft" gibt es seit 2005 und auch jetzt, nachdem das Spiel bereits seit über 10 Jahren auf dem Markt ist, wird es noch von über 12 Millionen Menschen auf der ganzen Welt gleichzeitig gespielt.

Es heißt oft, dass Computerspiele einen einsam machen lassen. Bei mir war das Gegenteil der Fall. Als ich 2011 mit diesem Spiel angefangen habe, hatte ich kaum Freunde. Durch mein Asthma konnte ich kaum Sport machen und während all meine Freunde in einem Fußballklub spielten, blieb ich am Zuschauerrand stehen. Doch das wurde mir mit der Zeit auch langweilig, immer nur zuzusehen wie die anderen gemeinsam trainieren und sich freuen. So bin ich dann begonnen, mehr Zeit mit Computerspiele zu verbringen.

Anfangs habe ich nur alleine gespielt. Doch dann bin ich relativ schnell in eine „Gilde" gekommen. Eine „Gilde", oder auch „Clan", ist eine fixe Gruppe von Leuten, die gemeinsam spielt und zusammen schwierige Aufgaben löst. Mit Mikrofon und Kopfhörern ist man mit allen Mitspielern verbunden und kann sich über alles Mögliche unterhalten.

Meine Gilde heißt „in light we are equal" und besteht aus gut 200 Mitspielern. Die meisten kommen aus Deutschland, einige aus Frankreich, Italien, Korea, Brasilien und Spanien.

Voriges Jahr haben wir uns das erste Mal zu einem „Gildentreffen" real in Berlin getroffen. Wir haben eine Woche gemeinsam Urlaub gemacht und obwohl wir uns vorher noch nie getroffen hatten, sondern immer nur gemeinsam gespielt und geredet haben, war es eine klasse Woche. Wir waren eine richtige Gemeinschaft, wie alte Freunde eben sind.

Inzwischen geht es mir gar nicht mehr um das Computerspiel, das etwas langweilig geworden ist. Sondern nur mehr darum, dass ich mich mit meinen Freunden treffen und unterhalten kann. Anstatt auf dem Fußballplatz oder in einer Bar treffen wir uns eben in „Azeroth", so heißt die virtuelle Welt. Unsere Charaktere stehen da manchmal einfach nur rum und wir schreiben und reden einfach miteinander. Über das Studium, die Arbeit, was wir am Tag so gemacht haben und über unsere Pläne. Es ist eine wunderbare Gemeinschaft, die wir hier haben. Entweder unterhalten wir uns auf Deutsch oder Englisch.

Vor ein paar Monaten ist eine neue Mitspielerin in unsere Gilde aufgenommen worden. Sie spielt zwar einen weiblichen Charakter, aber da es auch viele männliche Spieler gibt, die einen weiblichen Helden spielen, kann man da nie sicher sein. Als sie das erste Mal bei uns im „Teamspeak", so heißt das Programm mit dem wir miteinander reden können, war, fiel mir ihre süße Stimme gleich auf. Ich war anfangs zu schüchtern, etwas zu sagen und so haben wir uns die ersten Wochen nur über das Spiel unterhalten. Welche Aufgaben wir erledigen wollen und welche Monster und Helden die besten sind.

Wenn die anderen schon offline gegangen sind haben wir uns oft noch lange unterhalten und ich fragte sie nach ihrem Lieblingsfilm und ihrer Lieblingsband. Es war komisch, denn mir fiel auf, dass ich noch gar nicht ihren echten Namen wusste. Wir sprachen uns immer mit unseren Heldennamen an. Das kann sich jetzt komisch anhören, ist aber bei allen Onlinespielen in einer Gilde so. Mit der Zeit haben wir uns dann immer besser kennen gelernt und auch Handynummern ausgetauscht. So haben wir dann auch außerhalb vom Spiel Kontakt miteinander und schreiben uns. Zuerst haben wir uns nur wenig geschrieben, inzwischen schreiben wir uns aber mehrmals am Tag.

Wir haben uns noch nie wirklich getroffen und auf Facebook ist sie nicht, daher habe ich auch noch nie ein Bild von ihr gesehen. Ich weiß nur, dass sie 1 Jahr jünger ist als ich und Melanie heißt.

Beim nächsten Gildentreffen, das im Herbst bei uns in der Steiermark stattfinden soll, werden wir uns treffen. Ich bin schon sehr gespannt, wie das Treffen ablaufen wird. Denn immer wenn ich an sie denke oder ihre Stimme höre, bekomme ich ein Kribbeln im Bauch und es geht mir gut.

Es ist komisch, denn eigentlich kennen wir uns nicht und habe uns noch nie gesehen. Aber vielleicht stimmt auch hier unser Gildenname:

„in light, we are equal"

Tobi S.

Zeitpunkt XXII

Die Kopfhörer sind der beste Reisebegleiter. Sobald ich sie aufgesetzt habe und die Musik läuft, kann mich nichts mehr erschüttern. Egal, wie dumm und nervig die Gespräche im Bus oder Zug der anderen auch sind: Ich bekomme nichts mit und kann in meine eigene Welt abtauchen. In der geht es mir gut und ich fühle mich glücklich und frei.

Sobald ich mich am Bahnsteig von meinen Freunden verabschiede, setze ich sofort meine Kopfhörer auf und stelle die Musik so laut, dass ich keine Umgebungsgeräusche mehr höre. Ich stelle mir am Vortag immer eine Playlist zusammen, die aus meinen Lieblingssongs und neuen Songs besteht.

Ich nehme diesmal einen früheren Zug nach Hause, der nicht überfüllt ist. Im Gegenteil: Ich habe ein ganzes Abteil für mich alleine. Ich schiebe zwei Sitze zusammen, lege mich gemütlich drauf, schließe die Augen und beginne meinen Lieblingssong laut mitzusingen. Es ist ja eh keiner sonst da.

Als ich die Augen wieder aufmache, merke ich, dass ich nicht mehr alleine im Abteil bin. Gegenüber von mir hat sich ein Mädchen hingesetzt und lacht. Ihre Lippen bewegen sich, aber ich verstehe kein Wort. Ich bin perplex und nehme dann die Kopfhörer aus den Ohren. „An deinen Gesangskünsten solltest du noch etwas arbeiten.", lachte sie mir entgegen. Aber sie verband das mit einem so lieben Lächeln, dass ich ihr nicht böse sein konnte. Ich musste auch lachen: „Ja, normalerweise singe ich nicht für andere."

Wir kamen dann sofort ins Gespräch und waren uns sympathisch. Sie erzählte mir, dass sie Angelika heißt und gerade erst mit ihrem Vater aus Schweden hier hergezogen ist. Ich habe ihr dann die eine Hälfte meines Kopfhörers gegeben und wir haben gemeinsam Musik gehört. Natürlich haben wir auch unsere Handynummern ausgetauscht.

Es macht nichts, wenn man die Kopfhörer aufgesetzt hat, laut Musik hört und sich von der Welt abschotten will. Wichtig ist nur, dass man sie im richtigen Moment abnimmt.

Peter Reichart

Zeitpunkt XXIII

Natürlich hatte ich mich viel zu spät gekümmert, einen Wohnplatz für mein Austauschsemester zu finden. Die Zusage, dass ich ein Erasmus-Semester in Österreich machen kann, hatte ich erst Anfang September erhalten. Nur: Alle freien Zimmer in den Studentenwohnheimen waren natürlich schon seit Mai vergeben.

Über Facebook und den Freund eines Bekannten habe ich dann in letzter Minute doch noch einen Platz ergattert. Ich dachte nicht, dass es so schwer ist, ein Zimmer in einem anderen Land zu organisieren. Vor allem, da ich bereits gut Deutsch sprach.

Als ich dann in Graz in der Nacht am Flughafen angekommen bin, wartete ich auf meinen „Buddy". Ich konnte ihn nicht finden. Nach 15 Minuten habe ich ihn angerufen. Er hat nicht abgehoben, sein Handy war ausgeschalten. Ich blickte auf die Uhr: Es war bereits 23 Uhr.

Nach einer halben Stunde läutete mein Handy. Mein Buddy rief mich an und sagte mir, dass er ganz vergessen hat, dass ich heute ankomme. Er ist auch nicht in Graz, sodass er mich nicht abholen kann. Ich war verwirrt und verärgert. Schließlich hatte mein Buddy auch die

Zimmerschlüssel für mein Zimmer im Studentenwohnheim. Er hatte die Schlüssel vergangene Woche für mich abgeholt. Mein Buddy gab mir dann die Handynummer vom Leiter des Studentenwohnheims. Ich war wirklich verärgert und dachte, ich müsste die Nacht am Flughafen verbringen. Wer würde schließlich um 23:30 Uhr noch sein Handy bei einer fremden Nummer abheben? Vor allem: Wer hat sein Handy um diese Zeit noch eingeschalten?

Ich rief die Nummer an, die mir mein Buddy als SMS geschickt hat. Tatsächlich, es läutete. Nach wenigen Sekunden meldete sich der Heimleiter mit einem englischen „Hello, how can I help you?". Er hatte meine schwedische Nummer gesehen und war ganz überrascht, dass wir uns auch gleich in Deutsch unterhalten können.

Ich erzählte ihm von meiner Notlage, dass ich am Flughafen stehe, ohne Buddy und ohne Zimmerschlüssel. Ohne lange zu zögern bot er mir an, mich mit dem Auto gleich selbst abzuholen und mich zum Studentenwohnheim zu bringen.

Da wusste ich: Es wird doch ein tolles Semester in Österreich werden.

Sanna Sörberg

Zeitpunkt XXIV

Mein Austauschjahr in Österreich hielt sich so gar nicht an meinen Plan. Ich hatte gerade erst eine Trennung von meinem Freund hinter mir, mit dem ich 3 Jahre zusammen war. Daher wollte ich mich im Austauschjahr zu 100% auf mein Studium konzentrieren und so viele Kurse wie möglich positiv absolvieren. Es schien mir eine gute Idee zu sein, da ich an meine Zukunft und Karriere denken wollte.

Bei der ersten Party bei uns im Studentenwohnheim war ich nicht dabei. Ich wollte nicht feiern. Ich hatte zwar schon nette Freunde gefunden, aber die Lust auf Partys ist mir durch die Trennung mit meinem Freund vergangen. Ich fühlte mich noch nicht so weit.

Bei der zweiten Party, einige Wochen später, lies ich mich doch von meinen Mitbewohnern überreden. Ich wollte keine Spielverderberin sein und wer fleißig studiert darf auch feiern.

Die Party war schon am Höhepunkt, als ich dazu kam. Ich hatte den Nachmittag in der Bibliothek verbracht und die Zeit übersehen. Erschrocken bemerkte ich, dass es schon Abend war.

„Schön, dass du kommst. Ich hatte schon befürchtet, dass du nicht dabei bist. Ich bin Alex", stellte sich direkt ein Junge mir vor. Ich kannte ihn vom Sehen her und wusste, dass er zwei Stockwerke unter mir im Studentenwohnheim wohnt. Ich war etwas irritiert, als er mir direkt ein Getränk anbot. Da ich aber keine meiner Freundinnen sehen konnte und ich auch nicht alleine bleiben stehen bleiben wollte, dachte ich mir: „Warum nicht?"

Wir unterhielten uns lange. Die Zeit verging wie im Flug und langsam leerte sich die Party. Ich war überrascht, dass es plötzlich schon 4 Uhr morgens war. Alex, der die ganze Zeit an meiner Seite war, schlug vor einen Spaziergang in den Park zu machen und gemeinsam auf den Sonnenaufgang zu warten. Ich wusste zuerst nicht, was ich davon halten sollte. Nach kurzem Zögern stimmte ich aber zu.

Wir saßen gemeinsam auf der Bank. Einige Zeit saßen wir wortlos nebeneinander und es war ein schönes Gefühl. Als die Sonne aufging griff er meine Hand und lächelte. Ich lächelte und wusste: „Es war die richtige Entscheidung, nach Graz zu kommen."

Anna Olsson

Zeitpunkt XXV

„Worte sind ein Einblick in unsere Seele." Sie sind wunderbar, sie offenbaren, sie verstecken. Wortakrobatik ist mir die liebste aller Sportarten.

Es sind kurze Gedanken, kleine Impulse, die ich auf unzählige Post-it banne. Doch ich kerkere sie nicht ein, behalte sie nicht unter Verschluss. Straßenlaternen, Bushaltestellen, Cafétische und unbeaufsichtigte Rucksäcke bannen meine Aufmerksamkeit.

Ich weiß nichts über die Menschen, die sie finden und lesen. Ob sie schmunzeln, ob sie sich ärgern, sich freuen oder keine Emotion zeigen. Die Reaktion bleibt in meiner Fantasie verborgen.

Wie es eben sein soll.

Anastasia de Vries

Zeitpunkt XXVI

Wirklich begeistert war ich nicht, als meine Freundin mich überredet hat, gemeinsam und ganz spontan, nur zu zweit, in den Urlaub zu fahren. Sie hat einen Freund, mit dem sie bereits seit 8 Jahren zusammen ist. Da sie ohne ihn und nur mit mir in den Urlaub fahren wollte konnte das für mich nur eines bedeuten: Dass sie richtig Party machen und die Sau rauslassen wollte.

Ich mache gerne Party, aber habe meine „wilde Zeit" hinter mir gelassen. Ich bin zwar Single, aber das ist für mich kein Grund mehr, dass ich im Urlaub einen auf „nach mir die Sintflut" machen muss. Egal, die Tickets und das Hotel waren gebucht und eine Woche Ibiza ist nie zu verachten.

Als wir im Hotel ankamen, stürmte Annie, meine Freundin, gleich die Poolbar. Während ich noch mit dem Auspacken meines Koffers beschäftigt war, klingelte bereits mein Handy: „Komm runter, die Cocktails hier sind super!"

Bei der Poolbar angekommen erblickte ich gleich Annie, umringt von 4 gutaussehenden Beach-Boys, die sich flirttechnisch bereits mächtig ins Zeug legten. Annie hatte es immer drauf, gut im Mittelpunkt zu stehen und Männer anzulocken, wenn sie es darauf anlegte. Ich wunderte mich, worauf sie hinaus wollte aber ich hatte das Gefühl, dass ich jetzt besser nicht fragen, sondern mitspielen sollte. Ihr Lächeln und ihr Blick, als ich mich mit einem Pina Colada dazustellte, bestätigten mir das.

Der Tag verging viel zu schnell. Kurz nach Sonnenuntergang planten wir bereits, wo wir am besten Abtanzen konnten. Unsere männlichen Begleiter hatten wir noch am Nachmittag verloren, als wir jeglichen körperlichen Kontakt abblockten und sie merkten, dass außer Reden nicht mehr drinnen ist.

Es war eine super Woche. Jeden Tag hatten wir Spaß am Meer und jeden Abend machten wir die Tanzfläche unsicher. Annie flirtete ununterbrochen, aber sobald jemand Körperkontakt suchte, lies sie ihn stehen und verschwand. Ich konnte mir keinen Reim daraus machen.

In der letzten Nacht vor unserer Abreise beschlossen wir, in unserer Lieblingsdisco zu chillen. Ohne Tanzen, ohne Stress, ohne neue Leute. Ganz gemütlich, nur wir beide alleine.

„Du hast dich sicher gewundert, warum ich diese Woche so viele Jungs kennen lernen wollte.", schoss es aus Annie heraus. Ich war etwas perplex, so direkt hätte ich sie das nicht gefragt. „Ja, vor allem da du ja seit Ewigkeiten mit Marius zusammen bist. Vor allem hast du ja alle wieder weggeschickt, sobald sie mehr als nur reden und tanzen wollten.", antwortete ich.

„Marius hat mir einen Heiratsantrag gemacht." „Das ist ja super!", platzte es aus mir heraus. „Ja, nur ich war mir nicht sicher. Wir sind solange zusammen, er ist mein erster Freund. Ich wusste in dem Moment einfach nicht: Will ich das überhaupt?", gestand Annie mir. Ich war skeptisch, wusste nicht so recht was ich sagen sollte.

„Ich habe in dieser Woche so viele andere Jungs kennen gelernt. Aber bei keinem habe ich mich wohl gefühlt, bei keinem hatte ich ein besonderes Gefühl. Mit den meisten konnte man sich nicht einmal unterhalten.", sagte Annie, während ihr einige Tränen aus den Augen kullerten. „Ich war so dumm, nicht sofort ‚Ja' zu sagen und ihn warten zu lassen. Das hat mir diese Woche klar gemacht." Sie nahm noch einen großen Schluck aus ihrem Cocktail, der unangerührt vor ihr steht.

„Sobald ich morgen zuhause bin, werde ich das nach holen: Ja, Ja und nochmals Ja!", so Annie mit einem optimistischen Lächeln.

Isabel K.

Dank

Danke an alle Leserinnen und Leser.

Danke, dass Sie sich die Zeit genommen haben durch diese Zeitpunkte zu schmökern und sie wirken zu lassen.

Danke an alle Teilnehmerinnen und Teilnehmer

Danke, dass ihr uns einen Einblick in die Zeitpunkte eurer Wünsche, Gedanken, Ängste, Hoffnungen und Erwartungen ermöglicht habt.

Dass ihr mit uns teilt, wie ihr Europa erlebt habt und was ihr von Europa erwartet.

Vielen Dank!